# Palmares, ontem e hoje

Pedro Paulo Funari e
Aline Vieira de Carvalho

# Palmares, ontem e hoje

ZAHAR

A meus irmãos Joãozinho e Suzana, pelo carinho e apoio.
*Pedro Paulo Funari*

A meus pais e irmão, pelo infinito carinho e incentivo;
ao Du, pelo imenso amor.
*Aline Vieira de Carvalho*


Jorge Zahar Editor Ltda.
rua Marquês de S. Vicente 99 – 1º | 22451-041 Rio de Janeiro, RJ
tel. (21) 2529-4750 | fax (21) 2529-4787
editora@zahar.com.br | www.zahar.com.br



Grafia atualizada respeitando o novo
Acordo Ortográfico da Língua Portuguesa

Preparação de originais: Rita Jobim
Composição eletrônica: TopTextos Edições Gráficas Ltda.
Capa: Sérgio Campante, sobre ilustração de Debret

CIP-Brasil. Catalogação na fonte
Sindicato Nacional dos Editores de Livros, RJ

Funari, Pedro Paulo
F977p Palmares, ontem e hoje / Pedro Paulo Funari e Aline Vieira de Carvalho. — Rio de Janeiro: Zahar, 2005.
il. – (Descobrindo o Brasil)

Inclui bibliografia
ISBN 978-85-7110-875-2

1. Palmares (AL) – História. 2. Escravos – Brasil – Insurreições etc. 3. Brasil – História – Palmares, 1630-1695. 4. Quilombos – Brasil – História. 5. Negros – Brasil – Condições sociais. I. Carvalho, Aline Vieira de. II. Título. III. Série.

CDD: 981.352
05-2430 CDU: 94(813.52)

# Sumário

## *Créditos das ilustrações*

1. *Moinho de açúcar*, Rugendas.
2. Acervo The Newberry Library, Chicago.
3. Óleo de Benedito Calixto, acervo Museu Paulista.
4. Óleo de Antônio Parreiras, acervo Museu A.P./ Funarj.
5. Ilustração de Henrique Kipper para o livro *Palmares*, de Luiz Galdino (São Paulo, Ática, 1993).
7. Óleo de Manuel Victor.
8. Desenho de Bruna Benvegnú (fonte: *Super Interessante*, set 1993).
9. Fotos de Marcelo de Breyne e Editora Abril.

## Introdução

Quando se ouvem os nomes de Palmares e de Zumbi, logo lembramos da saga daqueles que lutaram pela liberdade, em plena época da escravidão, nos tempos coloniais. Zumbi foi o único líder de uma revolta escrava a figurar entre os *Grandes personagens da nossa história*, uma coleção que marcou época, lançada em 1969, no auge da ditadura em que vivia o Brasil. Único herói popular da coleção, seu fim é descrito, no trecho abaixo, como singular por ter atingido às pessoas mais humildes:

"Zumbi está morto? A pergunta, como um vendaval, varreu as vilas e povoações de Pernambuco, espalhou-se pelos engenhos de cana, entrou nas fazendas do interior das capitanias e chegou até terras mais longínquas, onde negros fugidos viviam em pequenos grupos. Os fazendeiros, satisfeitos, queriam a confirmação da notícia. A morte de Zumbi poria fim à luta. Estaria afinal destruído o grande reino negro dos Palmares? Se isso fosse verdade, os escravos não teriam mais estímulo para fugir e os senhores de engenho poderiam respirar aliviados. Os negros — e mesmo muitos brancos e índios — não acreditavam na morte do Rei Zumbi. Não podia ser verdade, Zumbi não era um homem comum e sim *o deus da guerra, o mais poderoso dos gênios, irmão e dono do mar*. E viera à Terra para chefiar a luta dos negros libertos e dar esperança aos ainda cativos. Por isso, diziam os negros, Zumbi era imortal. Mas alguns garantiam que Zumbi já fora derrotado; tanto falavam que os negros começaram a ficar em dúvida. Nos alojamentos de escravos em todo o Nordeste, durante a noite, feiticeiros se ajoelhavam para rezar.

— Zumbi, Zumbi, oia Zumbi! Oia muchicongo. Oia Zumbi.

E outros respondiam, em coro:

— Zumbi, Zumbi, oia Zumbi!

Era o canto cerimonial da ressurreição. Se Zumbi morreu, o cântico mágico poderá restituir-lhe a vida. Se não está morto, mas corre perigo, a reza o ajudará a salvar-se. Durante noites e noites, a música triste se elevou nas senzalas."

Imaginemos a impressão que tais palavras gerariam em leitores amedrontados pelas trevas de um regime de opressão que não admitia contestação. A morte de Zumbi e a derrota de Palmares não podiam deixar de serem sentidas como metáfora para a situação daquela época. Não podia escapar ao leitor a alegria dos poderosos contrastada à tristeza de muitos, da gente trabalhadora; nem tampouco o historiador que supervisionava a coleção, Sérgio Buarque de Holanda, tinha outro interesse. Em certo sentido, vivemos, em pleno século XXI, sob imagens de Palmares forjadas naquela luta por um passado que servisse de arma para libertação no presente. As condições, nesses mais de 30 anos, contudo, mudaram — por um lado bastante, por outro muito pouco. A liberdade foi restaurada, o poder civil restabelecido, a censura do estado não existe mais, podemos dizer e pensar o que quisermos. O medo não é onipresente, como àquela época. Por outro lado, as desigualdades sociais seculares não se atenuaram, as hierarquias não se enfraqueceram, as estruturas patriarcais e oligárquicas tampouco.

Como tratar de Palmares hoje? Seria possível desvencilhar-se dessa miragem e deixar de vê-lo como uma resposta às nossas angústias atuais? Estaríamos nos iludindo se disséssemos que nosso ponto de vista, à diferença dos anteriores, é o mais objetivo e o mais próximo da realidade, neutro e distante de nossas próprias experiências e expectativas. Já dizia o historiador francês George Duby que construímos nossa Grécia e nossa Roma a cada momento, e não seria diferente com Palmares, um símbolo tão potente — seja para aqueles que defendem a ordem social seja para os que a contestam. Não nos podemos subtrair da historicidade de nossa própria condição, interesses e pontos de vista. Este livro parte de uma perspectiva crítica e participativa. Pressupõe que apenas o exame crítico dos argumentos pode produzir o conhecimento autônomo do leitor, que participa como formulador de suas próprias ideias sobre os diversos temas e abordagens tratados e contrastados.

Há muitas maneiras de estudar o passado. Neste livro, partimos do pressuposto de que o leitor deve ter acesso a uma variedade de interpretações, ainda que sempre fique claro, como se verá, qual a perspectiva que adotamos. Em seguida, não cremos que se possa estudar o passado sem discutir duas questões: as fontes históricas de que dispomos e as teorias sociais que podemos agenciar na interpretação delas. Para o estudo de Palmares, dispomos de duas categorias de fontes: literárias ou documentais e materiais ou arqueológicas. Trataremos, portanto, das especificidades e características dessas duas categorias. Para o estudo das sociedades, pode-se usar uma variedade de modelos antropológicos ou sociológicos — e em particular no que se refere a sociedades rebeldes como Palmares. No final, caberá ao leitor formar seu próprio juízo.

*Palmares: o que se sabe.* Os portugueses, em sua reconquista das terras ibéricas ocupadas pelos muçulmanos, avançaram sobre a costa africana já no início do século XV, tomando Ceuta, um importante entreposto no Norte da África, em 1415. Nos decênios seguintes, continuaram sua exploração do continente e das ilhas atlânticas, com o início da plantação de cana-de-açúcar e do uso da mão de obra escrava africana. Quando desembarcaram no continente americano, tinham já em mente a sua exploração nos mesmos moldes, e logo tentaram plantar a cana em São Vicente, ao sul, mas sem grandes êxitos. Melhores resultados tiveram na região mais ao norte, entre Salvador e Recife, principalmente a partir de 1570, com a implantação de fazendas e usinas que se utilizavam tanto dos chamados negros da terra, os indígenas, como os negros de Guiné, vindos da África. Em 1580, Portugal foi incorporado à Espanha e, ainda que a administração colonial se mantivesse separada, a colônia portuguesa ficou mais distante das preocupações da metrópole.

No início do século XVII, temos as primeiras referências, nos documentos, a escravos fugidos que formam uma comunidade na área dos Palmares, na região serrana a cerca de 60 quilômetros da costa do atual estado de Alagoas, por volta de 1605. Já em 1612, Palmares adquire grande fama, e os colonizadores mandam uma expedição punitiva, sem sucesso. O agrupamento cresceu continuamente, e a entrada dos holandeses em 1630 iria, em certo sentido, favorecer o assentamento de refugiados, pois os invasores e os portugueses estariam ocupados uns com os outros. Em 1640, os holandeses viam Palmares como "um sério perigo". Mandaram Bartolomeu Lintz para obter informações sobre o quilombo, que foi descrito como composto de dois grandes assentamentos: uma aldeia grande na Serra da Barriga e uma menor à margem esquerda do rio Gurungumba. Quatro anos depois, Rodolfo Baro liderava forças holandesas no ataque à comunidade, onde viveriam seis mil pessoas, tendo sido mortas cem e capturadas 31, dentre as quais sete indígenas e crianças mulatas. No ano seguinte, Jürgens Reimbach atacava Palmares, descrito já como composto por nove aldeias.

Com a expulsão dos holandeses em 1654, os portugueses começaram a atacar o quilombo, em expedições modestas e infrutíferas. Em 1667, os quilombolas começaram a atacar fazendas para conseguir armas, libertar escravos e vingar-se de senhores e feitores. Em 1670, o governador de Pernambuco denunciou os colonos que passavam armas de fogo para os habitantes de Palmares, em desrespeito a Deus e às leis. Os ataques a Palmares continuaram e, em 1675, na campanha de Manoel Lopes, Zumbi se destacava como líder dos rebeldes, mas o governante era seu tio Ganga-Zumba. Em 1677, segundo documentos, Palmares compreenderia mais de 60 léguas e dez aldeias. Em 1678, Fernão Carrilho capturou os dois filhos de Ganga-Zumba. Em Recife, embaixadores do quilombo e as autoridades estaduais subscreveram um tratado de paz. Zumbi não confiava nas autoridades; revoltou-se, matou seu tio e proclamou-se rei de Palmares. Os ataques portugueses intensificaram-se nos anos seguintes, sem sucesso, até que o paulista Domingos Jorge Velho ofereceu-se para conquistar os índios de Pernambuco, em 1685, o que abria as portas para sua atuação, também, no combate aos escravos fugidos e agrupados em Palmares. Os colonos ainda insistiram em contar com as forças locais, sem êxito, e começaram a perseguir mais intensamente aqueles que colaborassem com os fugitivos. Dois anos depois, Jorge Velho e o governador de Pernambuco chegaram a acordo para a destruição de Palmares. Em 1694, o paulista, à frente de sua tropa de índios e mamelucos, conseguiu, em fevereiro, destruir o quilombo; no ano seguinte, Zumbi foi encontrado, morto e exposto em praça pública. Palmares deixava de existir, mas sua imagem não seria mais esquecida, rememorada a cada novo momento, por diferentes grupos sociais e de diferentes modos, como veremos.

## Palmares: passado e presente (ou presente e passado, como preferir o leitor)

O leitor deve estar intrigado: por que os autores deste livro colocam em seus ombros tamanha responsabilidade, logo no início do volume? Não caberia a eles a escolha dos títulos de seus capítulos? Nossa intenção, contudo, não é confundir o leitor, e muito menos nos eximirmos de apresentar nossas ideias, nossas interpretações. No entanto, queremos deixar claro, já no título, que não há uma única e verdadeira relação entre o passado e o presente, ou entre o presente e o passado. Palmares existe para nós hoje, em nossas vidas diárias — assim como Zumbi, como personagem de escola de samba ou em livros didáticos, está em nosso cotidiano. É dele que partimos para nos debruçar sobre aquilo que ocorreu há quatro séculos, na mata pernambucana. Vamos voltar, por um instante, para essa questão prévia e capital: a relação entre passado e presente (ou vice-versa).

*Passado e presente.* O estudo da história, com esse nome, começou com os gregos, quando Heródoto de Halicarnasso dedicou-se a escrever suas pesquisas (em grego, *historia*) sobre o conflito entre gregos e persas e suas origens mais remotas. Heródoto ligava o presente ao passado de forma muito direta, em busca que estava das causas dos embates entre os povos mediterrâneos. A escrita da história, ou historiografia, constituiu-se como um gênero literário, uma maneira elaborada de se tratar de eventos mais ou menos recentes. Os historiadores antigos, mesmo quando afirmavam seu desejo de ser imparciais — de escrever *sine ira et studio* (sem raiva e sem amor), na famosa frase do historiador romano Tácito — não deixavam de ressaltar que não era possível descrever o passado de forma neutra, isenta de interesses subjetivos. Para esses historiadores, não havia passado que não fosse ligado ao presente, prenhe de significados e lições, a história *magistra uitae* (mestre da vida).

Toda essa tradição literária e subjetiva viria a ser questionada modernamente, quando do surgimento do positivismo, no começo do século XIX, com o início da ciência histórica. Desde o século XVIII, o racionalismo e o Iluminismo começavam a revolucionar o cenário das universidades. Surgidas em plena Idade Média, serviam a uma formação de cunho religioso cristão, católico ou protestante, universalista. A história, gênero literário, era encarada sob o prisma de uma leitura literal do texto bíblico, com a criação do mundo, Adão e Eva, o Dilúvio universal e a intervenção direta de Deus na ordem dos acontecimentos. A revolução humanista em curso na passagem do século XVIII para o XIX contrapunha-se a essa presença divina e procurava explicar a história pela ação humana apenas. Em 1823, Leopold von Ranke definiu essa disciplina nascente como aquela que busca os fatos verdadeiros, tais como eles efetivamente aconteceram (*wie es eigentlich gewesen*, na expressão que se tornou clássica).

Nesse momento, o presente foi separado, radicalmente, do passado. O historiador, neutro e distante, deveria restabelecer os fatos, as verdades, aquilo que qualquer observador isento podia constatar como acontecimento. O moderno historiador mostrava-se mais confiante e objetivo, e acreditava poder dizer qual era a verdade. Essa segurança ficou conhecida como "objetividade positivista". Objetividade pois parte do pressuposto de que existe um objeto (*ob iectum*, "aquilo que está diante de nós") que podemos conhecer com os nossos sentidos, e positivista pois trata de algo colocado diante de nós (*positum*, colocado), independente do observador. Essa certeza na objetividade dos fatos históricos relegaria o presente a uma mera contingência, um detalhe irrelevante ou mesmo nocivo. Aquele que se debruça sobre o passado deveria despir-se de sua época, adotando uma atitude imparcial. Essas posturas, ainda que nuançadas e modernizadas, continuam a se fazer sentir, tanto entre os historiadores profissionais como nos livros didáticos e nas revistas, programas de televisão, filmes ou outros discursos sobre o passado.

O leitor terá notado que usamos, agora, a expressão "discurso" sobre o passado. Por quê? Tudo que dizemos ou escrevemos sobre o passado é um discurso, uma interpretação, no presente, mesmo quando pretendemos que nada fazemos senão recriar o que aconteceu. Ao positivismo, seguiu-se uma reação subjetivista, colocando no centro de qualquer visão sobre o passado o seu autor, que vê de determinada posição social, econômica, histórica, de gênero (homem, mulher). Ingleses e franceses descrevem Joana D'Arc de maneira muito diversa, assim como o fazem homens e mulheres, católicos e protestantes. Seria possível despir-se dessas subjetividades e descrever uma "verdadeira" Joana D'Arc? Seria possível sair do presente e ir direto ao passado? Parecem perguntas retóricas, mas têm tudo a ver com nossa história, com Palmares e Zumbi. Negros e brancos, ricos e pobres, teriam as mesmas percepções? Brasileiros e estrangeiros, comunistas e conservadores — haveria convergência possível?

A história é uma construção, um discurso com autoria. Há, assim, muitas histórias. Vamos apresentar, nestas páginas, como os diferentes contextos históricos e sociais produziram uma grande variedade de visões sobre Palmares. O presente sempre foi determinante nessas construções, com suas contradições e conflitos. Nosso objetivo, aqui, não é fornecer "o mapa da mina", o vade-mécum sobre Palmares, como se chegássemos à sua "verdadeira história". Pretendemos que o leitor conheça as muitas maneiras como se interpretou e interpreta Palmares e, mais importante, que possa elaborar suas próprias ideias a respeito.

*Identidade ou identidades?* Discorremos, até agora, sobre a história, mas o leitor deve estar se perguntando: e Palmares, como era sua sociedade — ou melhor, como tem sido ela interpretada por diferentes estudiosos e grupos sociais? Mas existe sociedade? A primeira-ministra conservadora inglesa, Margaret Thatcher, na década de 1980, afirmava, com a convicção de quem enfrentou os movimentos sindicais, que não existe sociedade, só indivíduos e famílias. Thatcher, sui generis no mundo político britânico, não pertencia às hostes trabalhistas, ligadas aos sindicatos de trabalhadores, nem à nobiliarquia corrente em seu partido conservador (*Tory*); era proveniente de uma classe média que não queria confundir-se com os trabalhadores mas que, tampouco, poderia aspirar ao prestígio dos aristocratas. Assim, entende-se bem que tenha querido abolir a própria sociedade e suas divisões, substituídas pela atomização de indivíduos e famílias.

O exemplo de Thatcher demonstra que, para se pensar a vida humana, é necessário refletir sobre como as pessoas se relacionam. Aristóteles, o filósofo grego do século IV a.C., considerava que o ser humano é definido por viver em coletividade ("o homem é um animal político", entendido político como pertencente a uma cidade, *polis*). O mesmo Aristóteles utilizava-se do conceito de comunidade (*koinonia*, em grego) para dizer que as pessoas partilhavam coisas comuns (origens, língua, costumes, crenças) e, por isso, formavam uma sociedade. Essas pessoas, que compartilhavam um *ethos* (caráter, índole, costume), formulariam suas próprias leis para que o grupo pudesse funcionar em ordem. A norma (*nomos*) leva à ordem social (*taxis*) e, como toda regra tem exceção, o desrespeito à norma ou sua ausência (*anomia*) leva à desordem (*ataxia*).

O leitor se perguntará por que, em um livro sobre Palmares, Aristóteles figure com tanto destaque. Isso se deve a dois motivos. Em primeiro lugar, durante séculos e, em particular na época do Quilombo dos Palmares, Aristóteles era o grande intérprete da vida em sociedade, o autor que fornecia elementos para se justificar a escravidão e para entender, a seu modo, a anomia e ataxia que levavam os escravos a fugirem e formarem seus redutos. Os autores do século XVII entendiam a escravidão como algo natural, tal como havia descrito Aristóteles: "O escravo é uma ferramenta viva, e a ferramenta é um escravo inanimado. Enquanto escravo, portanto, não se pode ser seu amigo..." A escravidão é considerada um dado, e independe de raça ou qualquer outra consideração (na verdade, o conceito de raça sequer existia, até sua invenção em fins do século XVIII). No século XVII, índios e africanos eram escravos na América, enquanto na Europa outros o eram — como os claríssimos eslavos (de onde deriva a palavra "escravo") —, e Aristóteles era uma referência para explicar essa instituição social. Mas não é só por isso que ele é pertinente. Os conceitos de compartilhamento de valores viriam a ser importantes também em modelos interpretativos de nossa época e não cabe dúvida que sua influência continuaria mesmo em autores muito recentes.

O estudo da sociedade, seu funcionamento e transformações, desenvolveu-se a partir de fins do século XIX, quando do início da sociologia e da antropologia. A primeira estava preocupada em explicar nossa própria sociedade, aquela em que vivemos, enquanto a segunda voltou-se, de início, para o estudo das sociedades dos chamados "primitivos". Uma estratégia usada para diferenciar nossas sociedades das outras foi definir as nossas com adjetivos enobrecedores, tais como "sociedades complexas", "civilizadas", "ocidentais", por oposição a "sociedades simples", "selvagens", "orientais". Em ambos os casos, uma primeira preocupação foi entender e explicar como as sociedades funcionam e se reproduzem. Por isso, já se diferenciavam muito da história, surgida para explicar a mudança e o caráter irrepetível do fato histórico. Enquanto a história ocupava-se do ocasional (como um assassinato), o estudo da sociedade esforçava-se para formular teorias que explicassem a manutenção de valores, costumes, tradições. A antropologia contribuiu, de forma decisiva, para o redimensionamento das questões históricas.

As discussões antropológicas das últimas décadas foram importantes para criticar os modelos normativos, ainda muito difundidos, em contribuição significativa para os estudos também das sociedades do passado. Estudos empíricos e reflexões teóricas apontaram para o caráter heterogêneo da vida social, a fluidez das relações, as contradições e conflitos sociais. No lugar de normas e desvios, surge uma pletora de comportamentos e visões de mundo. As identidades eram consideradas permanentes e imutáveis, imanentes. Um brasileiro seria sempre um brasileiro, e só isso, um católico só um católico, um negro, apenas um negro.

Depois, passou a perceber-se que as identidades são fluidas, sempre em mutação. Um mesmo indivíduo pode sentir-se brasileiro, no exterior, gaúcho, em São Paulo, homem, no meio de mulheres, católico, em uma sinagoga, mas... ateu, em uma igreja e paulista no Rio Grande do Sul! Nesse contexto de fragmentação, surgem pontos de vista e vieses como o feminismo ou o ativismo gay, mas também temas e objetos antes pouco explorados, como as sociabilidades ou as relações de gênero (não apenas homem/mulher, pois surgiram outras identidades sexuais).

Outro aspecto importante, proveniente das reflexões filosóficas e antropológicas, consiste no papel central dos conflitos na vida social. À tendência de se enfatizar a reprodução social, contrapôs-se a atenção aos conflitos. Na tradição marxista, já se havia ressaltado que as contradições de classe eram o motor da história, na famosa assertiva do Manifesto Comunista de 1848. Contudo, a tradição sociológica do século XX, tributária de Max Weber ou de Émile Durkheim, havia relevado o conflito à categoria de anomalia, doença social, desvio da via reta. As últimas décadas do século, entretanto, testemunharam uma série de lutas sociais intensas, como a luta pelos direitos civis, contra a discriminação racial, contra a guerra, pela diversidade sexual, pela emancipação feminina, mas também movimentos em sentido contrário, como o fundamentalismo religioso e o nacionalismo xenófobo. Estados dilacerados pelo conflito armado ou civil multiplicaram-se, e muitos estudiosos não hesitaram em retomar e melhor explorar o caráter intrinsecamente conflitivo das relações sociais. Antropólogos propuseram, nessa linha, que mesmo as sociedades sem Estado, como as indígenas e as pré-históricas, não poderiam ser entendidas sem a inclusão dos conflitos internos. Com mais razão, as sociedades históricas passaram a ser estudadas por esse viés. Tudo isso terá consequências, como veremos, para a interpretação de um assentamento como o Quilombo dos Palmares.

*A diversidade de fontes.* Como podemos estudar Palmares? A história se faz com documentos, mas o que seriam eles? Desde o início do estudo científico da história, no século XIX, os documentos são definidos como os escritos de uma época, aquilo que autores contemporâneos escreveram sobre determinado tema. Esses escritos podem estar em arquivos, na forma de manuscritos, ou já publicados, em edições impressas. A língua neles usada distancia-se sempre da falada, e quanto mais recuado o período da história, maior poderá ser essa distância. Assim, no século XVII, no Nordeste do Brasil, falavam-se muitas línguas, a começar pelo português dos fazendeiros, mas também a chamada língua geral — uma forma de tupi-guarani divulgada pelos jesuítas e falada pelos paulistas que conquistaram Palmares —, e muitas línguas indígenas, africanas e, por um período, o holandês. Escrevia-se em latim, uma língua culta internacional propagada pela Igreja, e em formas eruditas das línguas europeias, como o português e o holandês.

A maioria da população era analfabeta e os poucos que sabiam ler e escrever costumavam ser educados no latim e na forma culta de sua língua materna. Tudo isso pode parecer um tanto abstrato ou distante de nosso tema, mas é só aparência. De fato, o próprio nome dado ao objeto deste livro demonstra bem o caráter erudito dos conceitos que se usavam nas fontes escritas do século XVII. Todos nos referimos à *República* de Palmares, em todos os livros didáticos que tratam do tema encontramos esse termo, e somos induzidos a pensar com nossos conceitos: era uma república, não uma monarquia. Quando se fala em reis, como Ganga-Zumba e Zumbi, o leitor pode ficar confuso, sem se dar conta de que o termo, no século XVII, nada tinha a ver com o conceito moderno, surgido no século XVIII e que está conosco até hoje. De fato, república designava a "coisa pública", sentido original, latino, de *res publica*, um Estado. Rocha Pita, em sua *História da América Portuguesa*, de 1730, mencionava "uma República rústica, bem-ordenada a seu modo". Se não havia o conceito moderno de república como forma de governo oposto à monarquia, a própria questão torna-se sem sentido. Não há, portanto, por que admirar-se do uso do termo, nem há que colocá-lo entre aspas ou opô-lo à monarquia.

A palavra "quilombo" foi adotada apenas tardiamente para se referir a Palmares, e depois se expandiu por toda a colônia para designar um refúgio de escravos. Sua origem é africana, e parece querer dizer "separado". No século XVII, em Angola, designava uma sociedade guerreira.

Os líderes do quilombo foram chamados Ganga-Zumba e Zumbi, nomes que, mais do que próprios, referem-se à posição hierárquica, religiosa, que esses chefes ocupavam. Estamos, também, acostumados a pensar no poder em termos políticos, mas há dimensões simbólicas importantes para o exercício da autoridade, em qualquer sociedade e, mais ainda, nas formas políticas anteriores ao século XVIII. Na sociedade ibérica da época e nas suas colônias, o poder exercido era de caráter pessoal, patriarcal, com apoio e sustentação no imaginário católico, sancionado pelo clero. Não é à toa que autores clássicos que analisaram a sociedade colonial, como Raimundo Faoro, Gilberto Freyre e Sérgio Buarque de Holanda, tenham enfatizado os aspectos simbólicos do domínio e do poder na sociedade luso-americana. Luis Weckmann, o grande historiador mexicano, chegou a propor que no Brasil havia uma forte herança medieval. Como quer que nos posicionemos a esse respeito, não há dúvida que as formas de exercício do poder na sociedade brasileira colonial possuía fortes conotações pessoais e simbólicas.

As sociedades indígenas e africanas também possuíam fortes componentes simbólicos no exercício do poder, em particular na associação entre poder político e religioso. *Nganga* era o nome dado na região do Congo, no século XVII, para designar um tipo de sacerdote tradicional, usado também para designar o clérigo católico, a partir da sua entrada nessa região. Assim, o título aplicado a um governante de Palmares mantinha a ambiguidade já presente na África, ao referir-se a um religioso tanto tradicional como católico. Zumbi é um título que se refere a um espírito e portanto, em ambos os casos, havia uma forte conotação representativa associada a esses dirigentes, em consonância com a importância da magia nas sociedades africanas. Também as sociedades indígenas, por sua parte, depositavam grande importância no exercício dos símbolos e das imagens religiosas da autoridade. Se para nós tem sentido pensar em um estado ou um poder laico, essa noção para portugueses, indígenas e africanos do século XVII não fazia sentido e, ao contrário, o caráter mágico e religioso estava sempre em questão.

As fontes da época mencionam os nomes das aldeias do Quilombo dos Palmares: Macaco, Subupira, Dambrabanga, Zumbi, Tabocas, Acotirene e Amaro, Andalaquituche, Aqualtene. Alguns desses nomes parecem bantos, como Mococo (entendido como Macaco pelos portugueses) e Zumbi, enquanto alguns são tupis, como Subupira e Tabocas. Os nomes indígenas parecem apropriados a um quilombo, pois Subupira significa "madeira trabalhada" (na forma de casas) e Tabocas "tronco oco". Sobre os africanos, indígenas e quilombolas, contudo, não há apenas fontes escritas, mas também arqueológicas. De fato, os documentos escritos são produto de uma elite letrada, às vezes muito distante, tanto física como subjetivamente, dos homens e mulheres descritos, cujas sociabilidades podiam ser muito diversas daquelas do escritor. Os vestígios materiais, ao contrário, podem apresentar uma diversidade muito mais ampla, dados sobre o cotidiano e a vida daqueles que nunca escreveram ou deixaram qualquer relato por escrito. No caso de Palmares, pesquisas arqueológicas foram feitas tanto na Serra da Barriga, onde estava a capital do quilombo, como sítios indígenas e africanos que fornecem informações corporativas importantes. Coleções de cerâmica, em particular, são importantes para que possamos estudar os diversos tipos de produtos usados, por ricos e por pobres, na Europa, África e América, de modo a melhor entender o contexto do quilombo.

A arqueologia, à diferença das fontes escritas, não nos diz tanto, nem tão diretamente, a respeito de eventos singulares e únicos, como, por exemplo, sobre a morte de Zumbi, descrita em um documento com detalhes, ainda que fantasiosos. Contudo, permite-nos estudar as permanências, as séries, aquilo que se repete, como o uso das cerâmicas ou a localização dos assentamentos quilombolas. A arqueologia é muito importante, também, não tanto para confirmar as fontes escritas como para, em primeiríssimo lugar, contrastar, contrapor e completar as informações fornecidas pela tradição textual. Como categorias independentes, fontes materiais e escritas podem permitir uma discussão mais aprofundada e contextualizada de um tema ou questão. No caso de Palmares, como veremos ao final do volume, a arqueologia fornece outras narrativas, baseadas em uma variedade de abordagens, de cunho antropológico e não apenas histórico, que permitem uma perspectiva menos centrada no discurso escrito.

As principais fontes escritas foram recolhidas por Ernesto Ennes, do Arquivo Histórico Colonial de Lisboa, e publicados em *As guerras nos Palmares* (1938). O livro de Gaspar Barleus sobre o governo holandês de Nassau, *História dos feitos recentemente praticados durante oito anos no Brasil*, do século XVII, constitui fonte sobre o ataque de Rodolfo Baro ao quilombo em 1644. Outros documentos encontram-se reportados em *O Quilombo dos Palmares*, de Edison Carneiro. Há, pois, documentos holandeses e portugueses publicados, mas falta uma pesquisa exaustiva que recolhesse outros escritos sobre o quilombo, como a documentação em latim, ainda pouco explorada pela historiografia. Embora posterior, *História da América Portuguesa* (1730), de Sebastião da Rocha Pita, também constitui uma fonte escrita importante. As pesquisas arqueológicas resultaram na publicação de livros e artigos, indicados nas sugestões de leitura, com um repertório completo dos achados nos estudos de Orser, Funari, Rowlands e Allen.

## Palmares ontem

*Palmares silenciado: as interpretações do século XIX.* A notícia de uma rebelião de escravos no Haiti, em 1794, chegou ao Brasil como um terremoto. Os grandes proprietários de terras apavoraram-se com a ideia de uma insurreição negra no país. Acreditavam que a tomada de poder pelas "raças inferiores" poderia significar uma completa mudança na ordem social vigente e, até mesmo, o extermínio de "sua gente". O pavor, segundo o arquivista Ernesto Ennes, se alastrou pelos cem anos que se seguiram às insurreições no Haiti. Os quilombos, definidos no Império como o ajuntamento de cinco ou mais negros fugidos, arranchados em sítio despovoado, eram fortemente perseguidos pelas milícias estatais. Mas além das lutas físicas contra os escravos fugidos, os senhores de terra e outros homens ligados ao Estado preocupavam-se em travar combates com as lendas existentes sobre os grandes quilombos, em especial Palmares.

Para Ennes, que nasceu em meados do século XIX, o quilombo pernambucano transformou-se em algo emblemático no que se referia à força negra. A constante aclamação de Zumbi e de seus feitos pelas pessoas marginalizadas representava "perigo enorme da renovação desta rebeldia, podendo tornar-se gravíssimo com as enormes aglomerações de cativos provocadas pela mineração de ouro e depois pela lavoura de café". A curiosidade e o medo sobre o funcionamento do quilombo, segundo o autor, teriam levado pesquisadores do Instituto Histórico e Geográfico Brasileiro (IHGB) a formular um dos maiores acervos documentais sobre Palmares. Nesse acervo podemos encontrar descrições detalhadas e oficiais das incursões realizadas contra o assentamento. Essas fontes foram empregadas pelo arquivista para produzir a obra *As guerras nos Palmares*, um relato cronológico dos feitos militares, enaltecedor das forças de repressão ao quilombo. Apesar de Ennes afirmar que o Instituto constituiu um dos maiores acervos documentais sobre Palmares, o IHGB teria publicado apenas um texto sobre o tema.

Escrito pelo diplomata Rodrigo de Souza da Silva Pontes, e publicado na revista do Instituto, em 1841, esse texto, de quatro páginas, tem como objetivo comprovar a importância do conhecimento geográfico na determinação da veracidade de um relato histórico. Pontes retoma os escritos dos séculos XVII e XVIII sobre o quilombo pernambucano para mostrar como eram divergentes entre si: "Oferecerei (...) o que parece achar-se de contraditório nos escritos de Brito Freire, Barleus e Rocha Pita acerca da famosa povoação ou povoações que deram nome à guerra de Palmares." Os documentos traziam informações variadas quanto ao número de povoações e habitantes, espaço geográfico ocupado e tempo de duração do assentamento quilombola. O autor não justifica as divergências documentais. Conclui, apenas, que os cientistas precisam deter conhecimentos geográficos para julgar quais documentos apresentam dados fidedignos.

O silêncio do IHGB sobre o Quilombo dos Palmares é bastante significativo quando se analisa a construção da memória nacional. A instituição foi fundada em 1838, no Rio de Janeiro, com objetivo, segundo seu estatuto, de coligar e preparar os materiais necessários para a história e geografia do Brasil. Inspirado no *Institut Historique*, fundado em Paris em 1834, o IHGB contava com a participação da elite econômica e literária da capital do país, incluindo o Imperador Dom Pedro II, seu principal fomentador. Para os membros daquela instituição, interessados no fortalecimento da Monarquia, a história deveria valorizar os grandes personagens e heróis da nação. Um de seus sócios, Carlos Frederico de Martins, declara em 1844: "A história é mestra, não somente no futuro como também no presente. Ela pode difundir entre os contemporâneos sentimentos e pensamentos (...) sobre o patriotismo." A criação de uma historiografia, portanto, significava a inauguração de uma identidade para o povo brasileiro. Identidade na qual negros não eram incluídos. As narrativas construídas pelo IHGB, seguindo uma linha romântica e nacionalista, centravam-se no resgate cronológico dos feitos de portugueses e indígenas cristãos que teriam construído o Brasil. Uma história que silencia a existência de conflitos no país. Palmares é assim esquecido: forma-se um acervo documental para conhecê-lo, mas não para divulgá-lo.

Gonçalves Dias, pertencente ao círculo de intelectuais do IHGB, é um exemplo dessa história nacional. Com seus "índios bons", o literato descreve a fundação da nação, que teria ocorrido com a chegada dos portugueses no século XVI, e seu futuro de prosperidade. A tentativa institucional de formular uma identidade nacional ausente de conflitos não significou a impossibilidade de vozes dissonantes, no mesmo período, sobre os quilombos. Enquanto o IHGB mantinha-se distante da temática e Ernesto Ennes enaltecia os feitos militares e as autoridades contrárias aos assentamentos de marginalizados da sociedade colonial, Bernardo Guimarães escrevia uma obra cujos personagens principais eram escravos. *Lendas e romances* centra-se em Matheos Cabra, negro fugido e morador de um quilombo no interior de Minas Gerais, que retorna à fazenda onde era escravo para raptar sua amada. Florinda, "mestiça e bela por seus traços caucasianos", foge com Cabra e logo causa grande intriga dentro do assentamento. Sua beleza provocante faz com que o chefe militar, um "preto africano" chamado Anselmo, se apaixone por ela. O problema surge quando a esposa do rei, Maria Conga, resolve se vingar de uma possível traição.

Como pano de fundo para o desenvolvimento da narrativa, Guimarães relata a existência de conflitos dentro do quilombo: relações mercantis entre os escravos fugidos e os comerciantes da colônia, a proteção que os quilombolas recebiam dos taberneiros, os combates entre quilombolas e escravos cativos nas senzalas, os rituais de feitiçaria africana praticados e a solidariedade entre quilombos diferentes. Esse texto, escrito durante a segunda metade do século XIX, é permeado por uma série de preconceitos existentes na sociedade brasileira: Florinda é bonita por seus traços caucasianos e o quilombo passa a ter sua harmonia social perturbada pela briga entre duas mulheres (que são ciumentas e sedutoras). Mas, para além desses preconceitos, o texto torna-se diferente dos escritos de Ennes e de Pontes por focalizar outro aspecto da vida quilombola: o cotidiano. Apesar da narrativa não ter como tema central Palmares, e sim um outro assentamento, o autor inclui a temática do quilombo na literatura.

Longe de significar o fim de preconceitos, pois o texto de Guimarães está repleto deles, o discurso pode ser vinculado ao crescente movimento abolicionista no país. Entre os anos de 1870 e 1888, vigoravam, nos círculos intelectuais, debates sobre a escravidão e outros temas decorrentes dessa prática. O autor, ao narrar um romance entre negros fugidos, inclui nas discussões sobre a nação brasileira a ação de negros no país. Com a abolição da escravatura, em 1888, outras discussões acerca da identidade nacional seriam levantadas.

*Em busca das origens: Palmares como exemplo de comunidade negra.* Folheando livros de história que analisam as primeiras décadas do século XX no Brasil, é possível perceber inúmeras divergências de interesses dentro do país. Lutas entre as elites agrárias e militares pelo governo central; manifestações de setores oligárquicos e populares como a Revolta do Contestado (Santa Catarina, 1912-1916) e a Revolta da Chibata (Rio de Janeiro, 1910); formação do Partido Comunista e reivindicações anarquistas; explosões culturais como a Semana de Arte Moderna (1922); consequências financeiras da quebra da Bolsa de Nova York (1929), entre muitos outros acontecimentos que afetavam diretamente a vida cotidiana dos brasileiros.

Esses conflitos sempre existiram na história. Basta olharmos com cuidado a sociedade em que vivemos, ou mesmo escutarmos as histórias de vidas de nossos pais, para percebermos a existência de pessoas com objetivos distintos e que agem de formas diferenciadas para atingir suas metas. Tudo isso já foi mencionado no primeiro capítulo, em termos genéricos, e agora mostraremos essa diversidade no tratamento de Palmares. As divergências ocorridas durante as primeiras décadas da República no Brasil levaram, todavia, alguns intelectuais a refletirem sobre a formação do povo brasileiro. Eles buscavam entender nossas ações e comportamentos e pareciam se perguntar: "somos o que fomos?" Ou seja: o que no passado explica nossas atitudes atuais? Onde estaria nossa herança cultural? O que causou a diferença entre a "nossa cultura" e a "cultura europeia"? Com o que nos parecemos? Quem somos? Com essas questões, os pesquisadores perseguiam uma explicação para o funcionamento da cultura brasileira e os elementos que diferenciaram o país das nações do velho mundo. Se durante o Império a referência do pensamento intelectual brasileiro estava nas monarquias europeias, com o advento da República os Estados Unidos da América tornaram-se o novo paradigma: tanto para a recém-criada "República dos Estados Unidos do Brasil", como para as representações que as elites passaram a fazer de nosso país.

Nesse contexto, os temas da escravidão e dos negros saltaram aos olhos dos pesquisadores por dois motivos. Em primeiro lugar, a escravidão negra não era uma prática comum na Europa, ao menos não nos moldes da escravidão brasileira. Esse era um fator de diferenciação entre o Velho e o Novo Mundo, em especial entre Brasil e Estados Unidos. Em segundo lugar, tais temas poderiam ser percebidos já no início da história colonial do Brasil, momento em que, para aqueles estudiosos, estava nascendo nossa cultura. Diante desses novos interesses, negros e escravidão, Palmares passou a ser tema de estudos científicos, principalmente, em história e em antropologia.

Nina Rodrigues foi um dos primeiros antropólogos a analisar Palmares. Em suas pesquisas, o autor propunha entender como se formavam os quilombos e, principalmente, refletir sobre o que essas comunidades preservavam de costumes "tipicamente" africanos. Para chegar às suas conclusões, Rodrigues desenvolveu um método comparativo das "culturas negras": escolhia alguns aspectos culturais da comunidade quilombola (religião, alimentação, vestimentas, entre outros itens) e os comparava com as práticas de comunidades africanas. O quilombo, defende o autor, seria formado como uma resposta contra-aculturativa dos negros escravos. Ou seja, os negros, envolvidos em uma "cultura branca" existente na sociedade colonial brasileira (representada pelos portugueses e por outros colonos com hábitos europeus), se agrupariam para defender sua "tradição", simbolizada pelas práticas "originalmente" africanas. Palmares, dentro dos textos de Rodrigues, passa a incorporar o exemplo duradouro e "mais expressivo" da persistência cultural africana, tornando-se, portanto, o maior representante da cultura afro no Brasil.

As investigações de Nina Rodrigues foram bem recebidas nos grupo de intelectuais brasileiros e logo inspiraram outros trabalhos, como por exemplo os de

Arthur Ramos, psiquiatra e antropólogo, e Edison Carneiro, antropólogo folclorista.

Ramos, utilizando-se dos mesmos métodos comparativos desenvolvidos por Rodrigues, tinha como objetivo traçar as origens e os padrões culturais dos negros em toda a América. Para isso, ele visava a relacionar cada quilombo a um determinado local na África, o que lhe permitiria entender os costumes e, principalmente, as diferenças entre os assentamentos de quilombolas. Com suas análises, publicadas em obras como *O negro na civilização brasileira*, *As culturas negras no Novo Mundo* e *A aculturação negra no Brasil*, o autor conclui que os escravos do Novo Mundo passaram por um processo de "aculturação negra", formada pelos fenômenos de "adaptação" e "reação cultural". A adaptação se deu quando "as culturas negras combinaram-se a padrões da cultura branca", deixando, portanto, de ser "puras". Entende-se como "cultura negra" o conjunto de crenças e ações dos negros africanos ou nascidos na antiga colônia. Já a "cultura branca" seria o conjunto das práticas cotidianas — que envolvem ações e crenças — principalmente dos europeus e seus descendentes no Brasil. Esses conceitos referiam-se aos "casos em que as culturas negras reagiam mais ou menos violentamente à aceitação dos traços de outras culturas", principalmente a cultura dos brancos. Nesta luta entre culturas "puras", negras e brancas, Palmares torna-se um caso exemplar de preservação da cultura afro no Brasil.

1. As obras do pintor alemão Rugendas retratam a vida dos escravos nas lavouras do século XIX. Os maus-tratos e a opressão levavam à revolta e à fuga para comunidades como o Quilombo dos Palmares.

2. Poucas são as imagens de Palmares realizadas durante a existência do assentamento. Este desenho holandês de 1647 representa uma cena cotidiana: pescadores recolhem a rede, próximo a uma das torres de vigilância do quilombo.

3. Imagem de Domingos Jorge Velho em óleo de Benedito Calixto: o bandeirante responsável pela aniquilação de Palmares é representado em trajes limpos e posição heroica.

4. Esta imagem de Zumbi pintada por Antônio Parreiras foi utilizada com diferentes interesses ideológicos, ora para ressaltar a fraqueza do negro, ora para valorizar sua força.

5. Ilustração de um livro paradidático do início da década de 1990: Zumbi adquire músculos, roupas de guerra e expressões ferozes, em uma imagem que ressalta a violência da luta contra invasores do quilombo.

6. A partir da década de 1960, Zumbi passou a ser percebido também como herói nacional: monumentos têm sido erigidos em sua homenagem (este encontra-se na avenida Presidente Vargas, no Rio de Janeiro), e o dia 20 de novembro foi escolhido para rememorar o Quilombo dos Palmares e seu líder.

7. Retrato de Zumbi feito por Manuel Victor, mostrando um homem forte, mas de expressão tranquila e olhar franco. As várias representações do líder negro mostram que a fidelidade à realidade é substituída por valores e por julgamentos pessoais e de época.

8. Mapa com a suposta localização das principais aldeias que formavam Palmares. Seus nomes mostram a mistura de tradições e influências: palavras tupis, como Subupira e Tabocas, convivem com outras de origem banto, como Zumbi e Mococo (ou Macaco). Esta última aldeia tornou-se a capital do quilombo depois da morte de Ganga-Zumba.

9. Em 1992, uma equipe de estudiosos realizou escavações no Quilombo dos Palmares. A descoberta de novos elementos, cujas características denotam influências africanas, mediterrâneas e indígenas, permite outras interpretações sobre as identidades culturais e as relações humanas existentes no quilombo.

Caminho analítico semelhante é seguido por Edison Carneiro, estudioso das práticas e, em especial, dos cultos religiosos. Sua primeira obra, *O Quilombo dos Palmares*, tornou-se um clássico, tendo como objetivo classificar setores do refúgio pernambucano para entender seu funcionamento. Palmares é estudado a partir de sua organização política, econômica, militar, cultural e social. Apoiando-se em documentos oficiais e almejando estabelecer a verdade, Carneiro estrutura uma história geral do agrupamento, que se inicia no "sonho de liberdade" (título do primeiro capítulo, fazendo alusão à fundação de Palmares) e termina com a sua destruição, por Domingos Jorge Velho. Com um texto descritivo e cronológico, o autor afirma que Palmares seria a consolidação e a "reafirmação da cultura e do estilo de vida africanos". Mais uma vez, a defesa da "cultura negra" frente à "cultura branca".

Os três autores apresentados traçam uma luta constante entre "culturas puras": a "negra" versus a "branca". Essas poderiam, em alguns momentos se "misturar", sem, por isso, perderem seus "traços originais". Em outras palavras, o que seria do "branco" continuaria "branco" e o que seria do "negro" continuaria "negro"; poderiam conviver sem alterar, contudo, sua essência. Os quilombos, dentro da lógica de "pureza racial", em voga também em países europeus e nos Estados Unidos, tornam-se símbolos máximos da "cultura negra". É importante destacar que nesse momento histórico de busca pela identidade nacional, ser símbolo da "cultura negra", não é, necessariamente, encarado como algo a ser comemorado, portanto celebrado pela história. Edison Carneiro afirma, por exemplo, que entre todas as reações dos escravos, a mais geral era o quilombo, "uma reação negativa — de fuga, de defesa. Era a reação mais simples". Tem-se uma leitura do quilombo como manifestação de "fraqueza e pureza cultural negra". Essa simbologia do quilombo como "essencialmente negro" será retomada em outros momentos. O que é visto como fraco durante as décadas iniciais da República brasileira, no entanto, passará a ser encarado como exemplo de luta pela liberdade e força nas décadas de 1950 e 1960.

## Palmares hoje

*As lutas sociais e os novos Palmares.* Desde fins do século XVIII, a ciência distinguia povos "inferiores e superiores", "dominadores e dominados", raças "privilegiadas" ou "desvalorizadas". Os europeus teriam línguas superiores (as línguas indo-europeias, como alemão, inglês, francês), resultado de uma raça (ariana) "mais inteligente e forte", destinada a dominar. O restante da humanidade era considerado "inferior", com línguas pobres de conceitos e incapazes, portanto, de uma compreensão complexa do mundo. Dizia-se que os semitas, como árabes e judeus, não teriam conceitos superiores, como "civilização" ou "liberdade" e que os chineses sequer teriam uma língua com gramática! Os africanos estariam nas categorias inferiores, e sua escravização, por muitos séculos, seria considerada o resultado natural de sua inferioridade racial. Todas essas ideias sobreviveram, bem ou mal, até o holocausto nazista e a vitória dos aliados, quando o extermínio em massa de judeus, ciganos e eslavos, por motivos puramente raciais, facilitou a rejeição do próprio conceito de raça como recurso analítico. O antropólogo francês Claude Lévi-Strauss publicou um estudo clássico para mostrar como o conceito de raça, aplicado ao ser humano, era enganoso e potencialmente muito nocivo. É nesse contexto que podemos entender a mudança de percepção sobre Palmares, não mais considerado um conglomerado de negros primitivos, como era predominante até a segunda metade do século XX. Além do descrédito do racismo, o mundo que emergiu da Segunda Guerra Mundial passou a incorporar as massas, tanto nos países capitalistas avançados como no Brasil, motivo adicional para uma nova interpretação do Quilombo dos Palmares.

Nos Estados Unidos, junto ao questionamento da superioridade da "raça branca", o movimento negro ganhou força de contestação na sociedade e passou a exigir a ampliação dos direitos civis, também requeridos pelas mulheres, homossexuais e outros grupos marginalizados até então. Como política externa, o presidente John Kennedy, atemorizado com a Revolução Cubana apoiada pela URSS, decretava a Doutrina de Segurança Nacional. Assim, dentro da lógica da Guerra Fria, os países da América Latina deveriam se aliar aos Estados Unidos e lutar contra focos comunistas. O resultado dessa prática foram os inúmeros regimes militares que se alastraram pela América Latina. Em 1964, um golpe de estado instaurou a ditadura no Brasil, acompanhada da censura, perseguições políticas, torturas e assassinatos.

As escolhas para lidar com os militares tiveram múltiplas formas. Diante do quadro de inexistência das liberdades civis no país, os intelectuais brasileiros tiveram que procurar caminhos diferenciados para suas produções: alguns optavam por declarar publicamente suas insatisfações com o regime, o que resultava, na maioria das vezes, no exílio político; outros preferiam realizar questionamentos mais brandos, camuflados, ou não questionar. Palmares, durante o período da ditadura, tornou-se um importante símbolo social no Brasil. Os autores que o analisaram, com particularidades próprias, discutiam o caráter violento da escravidão, a não passividade do negro frente à autoridade do senhor de escravo e, principalmente, a rebeldia negra numa sociedade opressora como a existente no período colonial. Essa opressão era uma metáfora para o poder discricionário da ditadura e o quilombo representava a fuga e resistência. Enquanto no Brasil Palmares era eleito "símbolo da resistência" e Zumbi passou a constituir uma imagem potente de contraste aos generais presidentes, em outros países latino-americanos, com forte presença indígena, os movimentos de contestação, civil ou armada, adotavam nomes pré-coloniais, como os Tupamaros.

Nesse contexto insere-se o francês Benjamin Péret, surrealista nascido em 1899, um dos primeiros a aderir ao Partido Comunista francês, em 1926. Vindo ao Brasil em 1929, Péret se interessa pelos temas brasileiros, em particular no que se refere aos cultos afro-brasileiros. Escreve e publica um estudo de fôlego sobre Palmares na *Revista Anhembi*, em 1956, e em certo sentido pode ser considerado o primeiro a ressaltar os aspectos positivos do quilombo. Péret foi o primeiro a atentar para o viés das fontes escritas, lembrar que "podemos imaginar a história da Comuna de Paris baseada somente nos conselhos de guerra e na sua versão de Versalhes!". Seguia as pegadas do pensador alemão Walter Benjamin e sua "história dos vencidos". Péret também inovou ao ressaltar o caráter original da religião em Palmares, contra a tese do predomínio do catolicismo, pois "concluir que eram católicos é esquecer que, hoje ainda, a macumba e o candomblé começam na igreja, que a missa constitui o prefácio obrigatório da imensa maioria das cerimônias religiosas negras". Conclui que a comunidade quilombola de

Palmares foi um episódio da luta dos homens por sua liberdade. Péret abria as portas para outras vozes sobre Palmares, no espírito humanista que sobreveio ao pós-guerra.

O historiador Clóvis Moura, nesse período, baseando-se em documentos contemporâneos ao quilombo pernambucano e nas obras de Edison Carneiro e Arthur Ramos, pretendia restaurar a verdade histórica e social desfigurada por inúmeros estudiosos. Para ele, a historiografia anterior teria se enganado ao não valorizar a luta negra contra a opressão branca, criando um mito de harmonia social, baseada no mando branco e na obediência do negro. O estudioso defende o quilombo como inerente à escravidão. Em outras palavras, o assentamento só teria existido porque havia exploração de uma classe social sobre outra: a dos senhores de escravos sobre a dos negros escravizados. Por outro lado, esses mesmos quilombos, criados pelo sistema de exploração da mão de obra compulsória, seriam os responsáveis pela dinamização da economia colonial, em função da ampliação das relações econômicas estabelecidas com eles, como pelo desgaste das relações sociais nas fazendas e minas onde atuavam os escravos.

De acordo com as pesquisas de Moura, quando o negro passava a resistir e a lutar contra o sistema opressor, recuperava sua dignidade humana. Deixava de ser um escravo, propriedade de seu senhor, para tornar-se o negro heroico. Aqueles que optavam pela resignação são tidos pelo investigador como escravos passivos, em um estágio inferior de "consciência" no processo histórico. Com a descrição dos castigos sofridos pelos escravos, das dificuldades enfrentadas pelos palmarinos durante as fugas dos cativeiros e da vida livre existente no quilombo, o autor envolve seu amplo público, construindo heróis apropriados para a década de 1960 no Brasil. O Quilombo dos Palmares construído por Moura parece ultrapassar o tempo da sociedade colonial; torna-se um exemplo de luta a ser seguido no Brasil da ditadura. Simboliza a liberdade e o fim das explorações das classes sociais.

O advogado gaúcho Décio Freitas, inspirando-se nas análises de Moura, estuda Palmares a partir das relações entre base e superestrutura próprias do marxismo. Em obras como *Palmares – A guerra dos escravos*, o escravo surge como proletário débil, sem força por falta de coesão social e organização coletiva e pelo baixo nível de progresso técnico. Essa fraqueza seria superada quando "os negros" se unissem na luta contra a "opressão branca". O Quilombo dos Palmares, dentro dessa perspectiva, torna-se exemplo concreto de "capacidade organizacional negra", símbolo da "força do explorado". Para Freitas, o quilombo se aproximaria da Ilíada grega, e lutas dos palmarinos contra os bandeirantes, da Guerra de Troia. Uma referência à narrativa de Homero e à formação da Grécia Clássica não era casual, ou mero exercício de erudição. Freitas usava os valores mais caros às elites — o culto aos clássicos, aos heróis gregos — para aplicá-los aos explorados, subvertendo o discurso dominante.

No mesmo período, Abdias do Nascimento, intelectual afro-brasileiro, como ele próprio se definia, glorifica Palmares como exemplo heroico da força negra no Novo Mundo. O autor pregava o pan-africanismo imediato, ou seja, a união de todos os afrodescendentes que viviam na América. O modelo inspirador para essa união deveria ser o Quilombo dos Palmares. Nascimento, apoiando-se no fato de ser negro no Brasil e também nos Estados Unidos, onde viveu por longos anos, afirmava a existência de uma exclusão social causada pela cor, em ataque direto ao mito de harmonia social e racial criado pela historiografia de 1930. Baseando-se nas obras de Rodrigues, Ramos, Carneiro, Moura e Freitas, o literato remonta a história do quilombo pernambucano de forma a elogiar aquela experiência que seria exclusivamente dos negros brasileiros. O sonho de liberdade que Palmares representava é descrito com o objetivo de inspirar a luta por uma vida melhor. O texto final, publicado na obra *O quilombismo – documentos de uma militância pan-africanista*, é dedicado à memória "dos 300 milhões de africanos, assassinados por escravistas, invasores, opressores, racistas, estupradores, saqueadores, torturadores e supremacistas brancos; ... aos jovens negros do Brasil e do mundo, na esperança de que continuem a luta por um tempo de justiça, liberdade e igualdade onde estes crimes não possam jamais se repetir".

Os autores citados apresentam, como traços comuns, a construção do Quilombo dos Palmares como um espaço de luta pela liberdade dos oprimidos. Dentro de um contexto histórico marcado pela ditadura militar e pelos movimentos em defesa dos direitos civis, Palmares configurou-se como símbolo de um mundo livre e, por isso, melhor: um sonho que muitos poderiam sonhar.

*Os civis no poder e as propostas da arqueologia.* Entre os anos de 1964 e 1985, o Estado tornou-se uma instituição legalmente opressora: tinha o poder de decidir sobre os rumos do Legislativo, Executivo e Judiciário, sobre as notícias que poderiam circular nos meios de comunicação, as pesquisas científicas que deveriam ser desenvolvidas, entre outros aspectos diretamente relacionados às vidas dos brasileiros. A arqueologia, dependente de verbas para o desenvolvimento das pesquisas de campo e laboratoriais, como outras ciências, ficou à mercê das decisões políticas de uma ditadura. O regime favoreceu um viés arqueológico a ser desenvolvido no país: inspirado em alguns modelos norte-americanos, o projeto apoiado pelo CNPq tinha como objetivo mapear rapidamente todos os sítios pré-históricos existentes no território nacional. Para tal foi elaborado o Pronapa (Programa Nacional de Pesquisas

Arqueológicas), que centralizava as verbas e as decisões sobre as investigações. Ainda que chamado de "Programa Nacional", estava sediado no Smithsonian Institution, em Washington, sob o comando de Clifford Evans e Betty Meggers. As temáticas que fugiam ao interesse do programa e, consequentemente, dos militares, eram descartadas da lista de "possíveis financiamentos", e por isso não eram realizadas. As pesquisas arqueológicas de cunho humanista, que se desenvolviam desde a década de 1950, sob a égide do estudioso Paulo Duarte, sofreram restrições; o próprio Duarte foi aposentado compulsoriamente da Universidade de São Paulo em 1969. A arqueologia, uma disciplina desde o século XIX ligada ao imperialismo e às classes altas, passava por grande renovação no cenário internacional mas, no Brasil, assumia contornos conservadores e empiristas.

Com a abertura democrática, as pesquisas arqueológicas, geralmente vinculadas às universidades, passaram a deter um maior poder de negociação em relação às agências financiadoras: se o objeto de pesquisa fosse interessante ao Estado ou a setores privados, poderia receber verba. Com o retorno dos civis ao poder, em 1985, foi possível o desenvolvimento de uma variedade crescente de abordagens e temas de investigação. A redemocratização favoreceu, ainda, a aprovação de legislação de proteção do patrimônio histórico e arqueológico em estados e municípios, e as empresas públicas e privadas foram obrigadas a contratar pesquisas arqueológicas sempre que houvesse obras de impacto ambiental. O estudo arqueológico dos subalternos, que já se tornara moeda corrente em outros países, começou a ser praticado também no Brasil. A arqueologia de Palmares insere-se nesse contexto de abertura política e temática, fornecendo outras narrativas, menos centradas no discurso escrito e preocupadas com os grupos sociais explorados ou excluídos. O projeto de escavação desse sítio foi concebido no início da década de 1990 por três estudiosos que já se haviam destacado no estudo de arqueologia e história dos grupos subalternos: Charles Orser Jr, arqueólogo norte-americano; Michel Rowlands, africanista e arqueólogo britânico, e Pedro Paulo Funari, historiador e arqueólogo brasileiro.

A proposta de investigação foi apresentada a instituições brasileiras, inglesas e norte-americanas, recebendo apoio científico e financeiro de muitas delas. O interesse nacional e internacional em relação à pesquisa advinha de seu próprio objeto: o Quilombo dos Palmares, um exemplo duradouro de resistência escrava na América. Como nas pesquisas realizadas dentro dos campos da história e da antropologia, os estudos arqueológicos sobre Palmares, definidos como área de interesse da arqueologia histórica, em interação com a leitura dos trabalhos de Carneiro, Freitas, Moura, entre outros estudiosos já citados, resultaram em diferentes visões sobre a dinâmica do assentamento.

Funari, interessado em analisar os conflitos existentes nas mais variadas sociedades humanas, arquiteta o quilombo pernambucano como local onde conviviam pessoas de diversas origens étnicas e culturais. Esse caráter "multiétnico" teria se originado da situação histórica e da localização estratégica de Palmares. Os quilombolas estariam estabelecidos em uma região onde havia nativos, moradores das vilas coloniais, fazendeiros, holandeses e outros grupos, muitas vezes marginalizados. Palmares, assim, não estaria isolado da sociedade colonial. Seus moradores não viveriam apenas em confronto com o restante da colônia, mas, necessariamente, em interação. Esses contatos teriam transformado o assentamento quilombola em uma experiência singular, registrada na cultura material e na documentação escrita sobre ele. Apenas o contexto local, de uma sociedade colonial ibérica patriarcal e aristocrática, explicaria a atração do refúgio não apenas para escravos fugidos, mas também para outros perseguidos, como mouros, judeus, bruxas e outras pessoas que não coubessem no figurino colonial ou não aceitassem os seus ditames.

A especificidade do quilombo estaria refletida na cultura material do assentamento, mesclada, testemunho de sua originalidade. A principal evidência material produzida pelas escavações consistiu na cerâmica, como costuma acontecer nas escavações arqueológicas em geral — e em condições de solo ácido, como no caso da Serra da Barriga, em particular. Foram encontradas peças feitas à mão, sem recurso do torno de oleiro, de diversos tipos. Elas apresentam características indígenas, mas também alças e, em alguns casos, decoração semelhante à encontrada na África meridional, no mesmo período. Além desses potes, foi encontrada cerâmica vidrada, cujo brilho resulta do óxido de estanho ou zinco. Esse tipo de cerâmica ficou conhecido como maiólica, ou majólica, por sua associação à ilha de Mallorca, no Mediterrâneo. Ela havia sido introduzida na Península Ibérica pelos mouros, generalizando-se seu uso a partir do século XIII nos reinos cristãos dessa região. O material vidrado proveniente de Palmares, contudo, não consiste de peças finas fabricadas na Europa e exportadas, mas são utilitárias, provavelmente feitas na costa pelos colonos para uso diário. Essa diversidade de tipos cerâmicos atestaria tanto a originalidade da cultura material usada no quilombo como as suas múltiplas origens — africanas, indígenas, ibéricas, coloniais.

Já a realidade de Palmares, narrada por Orser, adquire uma dimensão menos local e mais global. Palmares insere-se em uma complexa teia de relações diretas ou indiretas, que envolvem negros na América, africanos, traficantes de escravos, comerciantes e autoridades na colônia e na Europa, entre outras pessoas que habitavam as várias regiões do globo nos séculos XVI e XVII. Todos os indivíduos estariam conectados, e as relações comerciais entre as nações seriam as responsáveis por essas ligações humanas. O quilombo pernambucano, nessa lógica de rede de relações mundiais, não seria uma unidade isolada. Ao contrário, se integraria a um mundo moderno, capitalista, centrado nas decisões tomadas pela Europa e marcado pelo colonialismo global. Os colonos, identificando-se mais com os moradores de Palmares do que com os latifundiários ou outras elites locais, teriam mantido relações estreitas com o quilombo, não apenas comerciais, mas também na esfera particular da vida cotidiana. Essa variedade cultural seria expressa nos estilos cerâmicos, bem como na documentação contemporânea a Palmares.

Um outro caminho de análise é escolhido por Rowlands. Preocupado em dialogar com a imagem heroica de Palmares construída através dos documentos escritos e oficiais, o investigador marxista considera-o uma estrutura plural, muito próxima à existente no mundo ocidental. Haveria distinções entre a elite de Palmares e os outros habitantes do quilombo; em outras palavras, distinções de classe, e diferenciações determinadas por gênero e etnia.

Uma quarta reflexão foi realizada por Scott Joseph Allen, estudioso americano que produziu uma dissertação de mestrado e uma tese de doutoramento sobre a arqueologia de Palmares, defendidas na Brown University. Em seus escritos, defende o assentamento como uma experiência singular, enfatizando o processo de formação de uma nova "consciência étnica" entre os fugitivos da sociedade colonial. Os quilombos, de uma maneira geral, estariam fundados na "fusão dos elementos culturais". Palmares, dentro dessa lógica, adquire uma dinâmica bem específica: os quilombolas teriam criado, em um ambiente natural e social desconhecido, uma nova cultura e identidade. Suas roupas, nomes, utensílios, dentre outras expressões culturais (materiais, mas não apenas), eram compostos a partir da articulação de elementos tradicionais e novos. Essas articulações tinham como propósito a diferenciação entre os "palmarinos" e os diversos grupos pertencentes à sociedade escravocrata (holandeses, portugueses e colonos brasileiros). Assim, a "identidade palmarina" ter-se-ia consolidado através do contato e da fusão de diferentes culturas coloniais, europeias e africanas.

A arqueologia de Palmares traz a leitura da cultura material conjugada à interpretação da documentação escrita. Nessas construções discursivas, é valorizada a pluralidade na formação do assentamento, bem como sua dinâmica de interação com o restante da sociedade colonial ou global. Apesar das temáticas diferentes em relação às correntes teóricas anteriormente apresentadas, tem-se, em alguns estudos, o conceito de cultura associado à noção de homogeneidade: os europeus, os africanos, os quilombolas. A historiografia construída após a democratização do país expandiu suas temáticas da mesma forma.

## Conclusão: Palmares e o leitor

Em meados da década de 1980, junto com o processo de democratização política do país, a historiografia sobre escravidão começou a ampliar seu leque de abordagens. Além das pesquisas sobre dominadores e dominados dentro do sistema escravista colonial (tema caro à análise marxista), historiadores, antropólogos e sociólogos passaram a repensar o conceito de violência contra os escravos, elaborando novas teorias em que "o negro" teria espaço para negociar e reivindicar melhores condições de vida. Esses pesquisadores iniciaram trabalhos sobre família escrava e identidade negra, entre outros assuntos que despertavam, até então, pouco interesse. As mudanças historiográficas resultaram em um razoável número de publicações sobre o Quilombo dos Palmares, inseridas nas mais diversas correntes teóricas, sem que, necessariamente, houvesse diálogo entre as produções nas áreas de história, arqueologia ou antropologia. As discussões da antropologia sobre a fluidez das identidades, desde a década de 1970, nem sempre são levadas em conta por estudiosos que mantêm modelos homogêneos e normativos de cultura. O conceito de "africano gregário", com sua generalização homogeneizadora, continua a ser aceito em estudos à margem da discussão antropológica. Enquanto em outros países, como nos Estados Unidos, o estudo da escravidão e da opressão racial tem recebido atenção de arqueólogos, cujos estudos têm sido valorizados pelos estudos históricos e antropológicos, no Brasil a interação das diferentes disciplinas ainda engatinha. No entanto, há um crescente interesse tanto pelas teorias sociais como pelas pesquisas arqueológicas no Brasil e etnológicas na África, como atestam, por exemplo, as obras recentes de Alberto da Costa e Silva. Neste contexto, a proposta deste último capítulo não é, nem poderia ser, uma análise exaustiva de recentes abordagens sobre Palmares, mas um pequeno mapeamento das atuais pesquisas sobre o tema.

Os historiadores João José Reis, professor da Universidade Federal da Bahia, e Flávio dos Santos Gomes, professor da Universidade Federal do Pará, organizaram, em 1996, o livro *Liberdade por um fio*, dedicado às diversidades temáticas sobre os quilombos no Brasil e reunindo um grupo de pesquisadores de diversas universidades, nacionais e internacionais. Alguns capítulos trataram, ainda que marginalmente, do Quilombo dos Palmares. O capítulo "Deus contra Palmares: representações senhoriais e ideias jesuíticas", de Ronaldo Vainfas, analisa as concepções que os religiosos jesuítas, habitantes da colônia, tinham sobre a escravidão e, principalmente, como essas visões foram usadas contra Palmares. Silvia Lara, em outro caminho, investiga as estratégias de repressão utilizadas pelas autoridades coloniais contra o quilombo pernambucano e, depois, contra as rebeliões nas senzalas ("Do singular ao plural: Palmares, capitães do mato e o governo dos escravos"). Luiz Mott dedica-se à análise da figura de Santo Antônio como protetor dos destruidores de Palmares e de outros quilombos ("Santo Antônio, o divino capitão do mato"); Carlos Magno Guimarães opta por valorizar os projetos políticos dos quilombos e as alianças realizadas pelos seus habitantes ("Mineração, quilombos e Palmares: Minas Gerais no século XVIII"). Richard Price descreve, comparativamente, como seria Palmares através dos remanescentes quilombolas no Suriname ("Palmares como poderia ter sido"). Funari também contribui com o capítulo "A arqueologia de Palmares", expondo suas conclusões, que analisamos anteriormente.

Na esteira da luta pelos direitos dos gays, o historiador Luiz Mott defendeu que Zumbi era homossexual, tendo encontrado grande oposição de algumas lideranças negras. O historiador Evaldo Cabral de Melo, em entrevista histórica à revista *Veja*, há algum tempo, afirmou que Palmares havia sido uma ameaça e que não lamentava sua destruição. Recentemente, em uma entrevista para o site Folha Online – Brasil 500 anos, Gomes e Reis afirmaram a necessidade de rever o papel histórico de Ganga-Zumba e o tratado de paz por ele proposto aos portugueses, em 1678 (ver, no fim deste volume, a Cronologia). Tal acordo, para os historiadores, seria bastante semelhante a tratados realizados entre escravos de outros países latino-americanos que conseguiram a liberdade na mesma época. Uma segunda pergunta que os pesquisadores se fazem é se o Quilombo dos Palmares teria tido algum impacto sobre a escravidão em outros lugares da América. Como sempre, as preocupações do presente retomam e reinterpretam Palmares à luz de suas próprias motivações.

Do primeiro ao último capítulo deste livro, o leitor pôde acompanhar a historiografia sobre Palmares, na tentativa de perceber como foram construídas imagens muito singulares de um mesmo quilombo. Cada autor, inserido em um contexto histórico específico, representa o assentamento como uma resposta às indagações que são próprias do momento em que vive. Nesta lógica, o agrupamento pode ser transformado em exemplo da inferioridade ou da superioridade negra, espaço de convivência entre pessoas com identidades distintas, sociedade marcada pelas diferenciações entre classes sociais, local de negociações comerciais ou culturais, entre outras possibilidades. Torna-se imprescindível, assim, um conhecimento sobre os autores e seus contextos para a compreensão de Palmares (que não é um só, mas vários). A diversidade de abordagens, tão própria do Brasil pós-ditadura militar, está sendo criada em um contexto no qual as desigualdades sociais parecem se agravar e as hierarquias sociais existentes não se enfraquecem, mas seguem uma tendência multissecular, bem brasileira, sendo reforçadas pelas dominações dos poderes difusos no cotidiano das sociedades capitalistas modernas.

No início do volume, ressaltamos três aspectos de caráter metodológico, e, ao concluirmos nossa trajetória, cabe retomá-los, ainda que brevemente. Havíamos dito que toda história parte do presente e que não se pode estudar um tema do passado sem a devida atenção à historiografia que se acumula, no decorrer do tempo, sobre a questão histórica em pauta. Percebemos como Palmares — essa experiência fortíssima de uma rebelião duradoura e eficaz contra a opressão — nunca passou despercebido, ora combatido como exemplo de barbárie, ora lisonjeado como exemplo a ser seguido. Nossa intenção foi mostrar como não se pode desvencilhar a leitura do passado de interesses e inquietações do presente. *Cui bono?* Essa famosa expressão latina orienta a busca pelos não ditos, pelo subjacente: quem se beneficia com tal ou qual interpretação? Esperamos que o leitor tenha, agora, elementos para começar a formar seus próprios juízos a respeito.

Em seguida, devemos nos voltar para os modelos de sociedades que as interpretações revelam. Na defesa do status quo e da superioridade da elite civilizada, foi comum a defesa de grupos homogêneos que se opunham: brancos cultos frente a negros ignorantes. No sentido oposto, visando a crítica da opressão dos escravos, foi igualmente corrente a manutenção de dicotomias, apenas com sinais trocados, em que se confrontavam brancos cruéis e negros heroicos. As sociedades, contudo, não são homogêneas, mas sempre múltiplas e em constante conflito interno, em perene transformação. As contradições não se restringem àquelas entre senhores e escravos, mas permeiam muitas outras relações, de gênero, de classe, religiosas, entre outras. A sociedade colonial não era apenas branca, nem Palmares apenas negro. Africanos, indígenas, mouros, judeus, bruxos, gays, e outros mais quantos possamos arrolar, podiam conviver, não sem conflitos, em luta contra um sistema opressor colonial que tampouco deixava de estar eivado de contradições, com pobres e humildes que muito mais podiam identificar-se com os quilombolas do que com a própria elite canavieira.

Por fim, mas não menos importante, recordemos a variedade das fontes sobre o quilombo e qual sua importância e significado. Os documentos escritos sempre nos apresentam uma leitura externa de Palmares, com vieses diversos, mas sempre muito distantes da própria prática e vivência dos quilombolas. Basta lembrar que a única imagem que temos do Quilombo dos Palmares, datada do século XVII, foi feita na Europa, por alguém que sequer havia estado em nosso continente. A pesquisa arqueológica introduziu um elemento estranho a essa tradição literária: restos e vestígios dos próprios quilombolas, resultado da sua labuta e faina cotidianas. Esses dados, mais do que confirmar ou mesmo complementar aquela tradição textual, forneceram informações independentes que iluminaram aspectos até então insuspeitados. A presença de cerâmica de tradição indígena — assim como das outras cerâmicas populares ou mescladas — no quilombo revela-nos uma vida diária que em tudo contradiz tanto sua barbárie como sua "pureza" étnica. Os sítios localizados em posição estratégica, para evitarem serem vistos pelos atacantes, mostram-nos um planejamento do assentamento que também em tudo se opõe à noção de bárbara desorganização, ainda presente em discursos de historiadores insignes de nossa época.

Esperamos, assim, ter mostrado ao leitor como os três procedimentos adotados permitem uma discussão menos parcial e redutora de Palmares. A desconstrução da historiografia, a crítica aos modelos normativos de sociedade e a diversidade de fontes, escritas e materiais, inserem-se numa perspectiva mais ampla de leituras abertas e libertadoras do passado, inseridas no presente. Cabe ao leitor formar seus próprios juízos, prosseguir com outros estudos. Concluímos, portanto, não com respostas, mas com questões: como tratar de Palmares hoje? Seria possível desvencilharmo-nos desse espelho em que a imagem atual sempre se remete ao passado? Seria difícil não pensarmos Palmares como uma resposta às nossas angústias atuais? Esperamos que este livro contribua para que o leitor possa compreender melhor as múltiplas leituras de Palmares, e que forneça elementos para posicionar-se, de maneira crítica, não só sobre a luta pela liberdade no passado como no presente.

# Cronologia

**1640** Gaspar Barleus publica a obra *História dos feitos recentemente praticados durante oito anos no Brasil*; um relato sobre o governo do holandês Maurício de Nassau no Brasil. Nesse texto podem ser encontradas as primeiras referências ao Quilombo dos Palmares.

**1730** Sebastião da Rocha Pita publica *História da América Portuguesa* com referências à história do assentamento palmarino.

**1794** Notícias sobre a rebelião escrava no Haiti chegam ao Brasil. A elite colonial brasileira assusta-se com possíveis rebeliões escravas no país.

**1838** Fundação do Instituto Histórico e Geográfico Brasileiro (IHGB).

**1841** O diplomata Rodrigo de Souza da Silva Pontes publica artigo sobre o Quilombo dos Palmares, "Quaes os meios de que se deve lançar mão para obter o maior número possível de documentos relativos à História e Geographia do Brasil?", na *Revista Trimestral de História e Geografia* do IHGB.

**1870-1888** Discussões sobre questões abolicionistas no cenário cultural brasileiro.

**1871** Bernardo Guimarães publica a obra *Lendas e romances* (Rio de Janeiro, Garnier) cujos principais personagens são quilombolas.

**1889** Proclamação da República do Brasil. Alguns intelectuais se dedicam às discussões sobre a formação do povo brasileiro.

**1932** Nina Rodrigues, antropólogo brasileiro, publica *Os africanos no Brasil* (São Paulo, Companhia Editora Nacional).

**1938** Arquivista do Museu Paulista (Museu do Ipiranga), Ernesto Ennes publica o livro *As guerras nos Palmares* (São Paulo, Companhia Editora Nacional).

**1939-1945** Segunda Guerra Mundial.

**1943** Arthur Ramos, antropólogo, publica *Introdução à antropologia brasileira* (Rio de Janeiro, Edições da C.E.B.).

**1947** Edison Carneiro, antropólogo estudioso, entre outros temas, do folclore no Brasil, publica o livro *O Quilombo dos Palmares* (Rio de Janeiro, Companhia Editora Nacional).

**1950** O antropólogo francês Claude Lévi-Strauss publica o estudo *Raça e história*, encomendado pela Unesco.

**1956** Benjamin Péret, surrealista francês, publica o artigo "Que foi o Quilombo dos Palmares?" na *Revista Anhembi* (ano 6, vol.23, n.68).

**1959** Clóvis Moura, sociólogo dedicado aos estudos sobre o negro no Brasil, publica a obra *Rebeliões da senzala – quilombos, insurreições, guerrilhas* (São Paulo, Zumbi).

**1964** Golpe de estado instaura o regime militar no Brasil.

**1971** O advogado Décio Freitas publica o livro *Palmares – A guerra dos escravos* (Rio de Janeiro, Graal).

**1980** Abdias do Nascimento, militante político pelos direitos dos negros no Brasil, publica *Quilombismo – documentos de uma militância pan-africanista* (Petrópolis, Vozes).

**1985** Final da ditadura militar e restabelecimento dos civis no poder.

**1991-1993** Trabalhos arqueológicos na Serra da Barriga (Quilombo dos Palmares).

**1992** Charles Orser Jr. e Pedro Paulo Funari publicam "Pesquisa arqueológica inicial em Palmares", em *Estudos Ibero-Americanos* (vol.2, n.18, p.53-69).

**1996** Novos trabalhos arqueológicos são realizados no quilombo sob a direção de Scott Joseph Allen. No mesmo ano, Charles Orser Jr., arqueólogo norte-americano, publica o livro *A Historical Archaeology of the Modern World* (Nova York, Plenum Press), fazendo referências às escavações em Palmares. Por sua vez, os historiadores João José Reis e Flávio dos Santos Gomes publicam o livro *Liberdade por um fio* (São Paulo, Companhia das Letras) reunindo artigos das mais variadas vertentes historiográficas sobre o Quilombo dos Palmares, entre outros assuntos.

**1998** Scott Joseph Allen, arqueólogo norte-americano, publica o texto "A 'Cultural Mosaic' at Palmares? Grappling with the Historical Archaeology of a Seventeenth-Century Brazilian Quilombo" (*Cultura material e arqueologia histórica,* Pedro Paulo Funari (org.), Campinas, IFCH/Unicamp).

**1999** Michael Rowlands, africanista britânico, publica o texto "Black Identity and Sense of Past in Brazilian National Culture" (*Historical Archaeology – Back from the Edge*, Pedro Paulo Funari, Martin Hall e Siân Jones (orgs.), Londres e Nova York, Routledge).

**2003** Pedro Paulo Funari publica artigo sobre as particularidades históricas do quilombo, a partir da arqueologia: "Conflict and Interpretation of Palmares, a Brazilian Runaway Polity" (*Historical Archaeology*, ano 37, n.3, p.81-92).

# Referências e fontes

Indicamos, nesta seção, obras que substanciaram nossas considerações, de modo que o leitor possa se aprofundar na leitura de textos com referências.

- A citação logo no início do livro foi retirada do verbete "Zumbi", no oitavo volume da coleção organizada por Sérgio Buarque de Holanda, *Grandes personagens da nossa história* (São Paulo, Abril Cultural, 1969).

- As obras de historiadores da Antiguidade citadas são *História*, de Heródoto, disponível em tradução de Gama Cury pela Editora da Universidade de Brasília. A famosa frase de Tácito está logo no início dos seus *Anais* (Rio de Janeiro, Ediouro, 1967). O trecho de Aristóteles está em *Ética a Nicômaco*, 1161b (São Paulo, Martin Claret, 2004, p.189).

- A toponímia tupi está recolhida em *O tupi na geografia nacional*, de Teodoro Sampaio (São Paulo, Companhia Editora Nacional, 1987).

- Os textos citados no capítulo sobre historiografia atual foram reunidos por João José Reis e Flávio dos Santos Gomes na obra *Liberdade por um fio – História dos quilombos no Brasil* (São Paulo, Companhia das Letras, 2000).

• As polêmicas sobre a homossexualidade de Zumbi e a entrevista de Evaldo Cabral de Melo são discutidas por Pedro Paulo Funari em "Conflict and Interpretation of Palmares, a Brazilian Runaway Polity" (*Historical Archaeology*, ano 37, n.3, p.81-92). A entrevista com os historiadores Reis e Gomes, "O herói eleito", também citada no texto, pode ser encontrada no endereço eletrônico www1.uol.com.br/fol/brasil500/zumbi_20.htm.

As obras de referência à historiografia do Quilombo dos Palmares, comentadas, uma a uma, no decorrer dos capítulos, são:

• Ernesto Ennes, *As guerras nos Palmares* (São Paulo, Companhia Editora Nacional, 1938). A citação foi retirada da p.3.

• Rodrigo de Souza da Silva Pontes, "Quaes os meios de que se deve lançar mão para obter o maior número possível de documentos relativos à História e Geographia do Brasil?", publicado pela *Revista Trimestral de História e Geografia* (IHGB, 1841). A citação foi retirada da p.151.

• Bernardo Guimarães, *Lendas e romances* (Rio de Janeiro, Garnier, 1871).

• Nina Rodrigues, *Os africanos no Brasil* (São Paulo, Companhia Editora Nacional, 1982).

• Arthur Ramos, *As culturas negras no Novo Mundo* (São Paulo, Companhia Editora Nacional, 1946). O trecho citado foi retirado das p.266-7.

- Edison Carneiro, *O Quilombo dos Palmares* (São Paulo, Companhia Editora Nacional, 1958, 2ª ed.). O trecho citado foi retirado da p.2.

- *La commune des Palmares* (Paris, Syllepse, 1999), obra publicada originalmente por Benjamin Péret na *Revista Anhembi*, dirigida por Paulo Duarte, em 1956.

- Clóvis Moura, *Rebeliões da senzala – quilombos, insurreições, guerrilhas* (São Paulo, Zumbi, 1959).

- Décio Freitas, *Palmares – A guerra dos escravos* (Rio de Janeiro, Graal, 1978).

- Abdias do Nascimento, O *quilombismo* (Petrópolis, Vozes, 1980). A citação foi retirada da p.11.

- Charles Orser Jr., *A Historical Archaeology of the Modern World* (Nova York, Plenum Press, 1996); *Introdução à arqueologia histórica* (Belo Horizonte, Oficina de Livros, 1992); e *Historical Archaeology* (Nova York, HarperCollins, 2004).

- Michael Rowlands, "Black Identity and Sense of Past in Brazilian National Culture", em *Historical Archaeology – Back from the Edge*, organizado por Pedro Paulo Funari, Martin Hall e Siân Jones (Londres e Nova York, Routledge, 1999).

- Scott Joseph Allen, "A 'Cultural Mosaic' at Palmares? Grappling with the Historical Archaeology of a Seventeenth-Century Brazilian Quilombo", em *Cultura material e arqueologia histórica,* organizado por Pedro Paulo

Funari (Campinas, IFCH/Unicamp, 1998). A tese de doutoramento de Allen, "Zumbi nunca morre", publicada em *History, the Practice of Archaeology and Race Politics in Brazil* (Providence, Brown University, 2001), constitui estudo das pesquisas arqueológicas até a data de sua apresentação.

# Sugestões de leitura

As obras a seguir são indicadas para os leitores que desejem aprofundar o estudo dos temas tratados:

- As discussões de fundo, na historiografia, sobre a relação entre passado e presente encontram-se em diversos livros recentes, como *Antiguidade clássica: a história e a cultura a partir dos documentos*, de Pedro Paulo Funari (Campinas, Unicamp, 2003, 2ª ed. Ver especialmente caps. 1 e 2). Keith Jenkins apresenta um panorama detalhado das discussões dos últimos 20 anos em seu *A história repensada* (São Paulo, Contexto, 2001).
- Discussões sobre identidade e etnicidade, à luz da teoria social moderna, podem ser encontradas em Pierre Bourdieu, *Langage et pouvoir symbolique* (Paris, Fayard, 2001); Marco Martiniello, *Éthnicité dans les sciences sociales contemporaines* (Paris, PUF, 1995) e Siân Jones, *The Archaeology of Ethnicity, Constructing Identities in the Past and Present* (Londres, Routledge, 1997).
- O caráter patriarcal da sociedade brasileira colonial pode ser bem conhecido através das obras clássicas de Gilberto Freyre, como *Casa-grande e senzala*; de Sérgio Buarque de Holanda, como *Raízes do Brasil*; do clássico de Raimundo Faoro, *Os donos do poder*; e de obras mais

recentes, como Luis Weckmann, *La herencia medieval del Brasil* (México, Fondo de Cultura Económica, 1992); Gustavo Henrique Tuna, *Gilberto Freyre: Entre tradição e ruptura* (São Paulo, Cone Sul, 2000); e de cunho antropológico como as obras de Roberto DaMatta.

• Sobre o poder político e religioso na África, importante obra foi publicada recentemente por Stephen Ellis e Gerrie Ter Haar: *Worlds of Power: Religious Thought and Political Practice in Africa* (Oxford, Oxford University Press, 2004). O contexto africano do século XVII encontra-se nos estudos aprofundados de Joseph Miller, *Kings and Kinsmen: Early Mbundu States in Angola* (Oxford, Claredon, 1976), obra fundamental para entender o contexto africano do *ki-lombo*. Outro livro seminal é *Africa and Africans in the Making of the Atlantic World, 1400-1680*, de John Thornton (Cambridge, Cambridge University Press, 1992). Esse mesmo autor tem diversos artigos importantes sobre o assunto. A arqueologia do continente africano também tem sido importante para o tema e a grande obra a respeito é *The Archaeology of Africa*, organizado por Thurstan Shaw, Paul Sinclair, Bassey Andah e Alex Okpoko (Londres e Nova York, Routledge, 1993), em especial os capítulos que tratam dos bantos e da importância da religião nas sociedades africanas.

• A interação religiosa entre africanos e europeus foi estudada por Jean Nsondé, em "Christianisme et religion traditionnelle au pays Koongo aux XVII-XVIII siècles" (*Cahiers d'Études Africaines*, n.128, 1992).

• Os sentidos do estudo arqueológico encontram-se em *Arqueologia*, de Pedro Paulo Funari (São Paulo, Contexto,

2003). A diversidade das fontes escritas e arqueológicas é discutida em *Historical Archaeology: Back from the Edge*, organizado por Funari, Martin Hall e Siân Jones (Londres e Nova York, Routledge, 1999).

• A diversidade das línguas no Brasil foi tratada, recentemente, por Luiz Carlos Villalta, em "Uma Babel colonial" (*Nossa História*, ano 1, vol.5, março de 2004, p.58-63).

• Informações sobre o IHGB podem ser obtidas na dissertação de mestrado de Lúcio Menezes Ferreira, *Vestígios de civilização: A arqueologia no Brasil imperial (1838-1877)* (Campinas, IFCH/Unicamp, 2002) e nas revistas do Instituto (*Revista Trimestral de História e Geografia*) disponíveis para consulta, por exemplo, na Biblioteca do Instituto de Filosofia e Ciências Humanas da Unicamp.

• Outros dados sobre o Pronapa podem ser consultados no livro de Solange Nunes de Oliveira, *A arqueologia guarani – construção e desconstrução da identidade indígena* (São Paulo, Fapesp/Annablume, 2003).

• Um importante documento de Paulo Duarte foi publicado pela revista *Ideias* (IFCH/Unicamp, n.1, 1994): "Pela dignidade universitária". Nele se descreve a tentativa de destruição do Instituto de Pré-História da USP.

• O caráter conservador da arqueologia no Brasil foi explorado, com ampla bibliografia anterior, por Pedro Paulo Funari, em "Class Interests in Brazilian Archaeology" (*International Journal of Historical Archaeology*, ano 6, vol.3, 2002, p.209-16). A história da arqueologia no Brasil e o papel da legislação encontram-se no verbete

"Brazil", escrito por Pedro Paulo Funari para a *Encyclopaedia of Archaeology*, organizada por Tim Murray (Santa Barbara, ABC/Clio, vol.1, 2001, p.180-93).

- O conceito de raça em Lévi-Strauss pode ser investigado em *O pensamento selvagem* (Campinas, Papirus, 1997) ou em *Raça e história* (São Paulo, Abril Cultural, 1985).
- Dentre as obras de Alberto da Costa e Silva, destacamos *Um rio chamado Atlântico – A África no Brasil e o Brasil na África* (Rio de Janeiro, Nova Fronteira/UFRJ, 2003).

# Agradecimentos

Agradecemos o apoio institucional do Núcleo de Estudos Estratégicos da Unicamp, Fapesp, CNPq, *National Science Foundation*, *Illinois State University*, *National Geographic Society*, *National Endowment for the Humanities*, *Joint Committee on Latin American Studies of the Social Science Research Council*, *Ford Foundation* e aos colegas Scott Joseph Allen, Zezito de Araújo, Alberto da Costa e Silva, Luiz Estevam de O. Fernandes, Raquel dos Santos Funari, Octavio Ianni, Siân Jones, Mário Maestri, Lúcio Menezes, Joseph Miller, Clóvis Moura, Charles E. Orser, Michael Rowlands, John Thornton. A responsabilidade pelas ideias, naturalmente, restringe-se aos autores.

# Sobre os autores

## Pedro Paulo Funari

Nasci em São Paulo, graduei-me em história, obtive o mestrado em antropologia social e o doutorado em arqueologia, sempre na Universidade de São Paulo. Obtive a livre-docência em história pela Unicamp, da qual sou hoje professor titular. Sou pesquisador associado da Illinois State University e da Universitat de Barcelona, professor do programa de pós-graduação em arqueologia da USP e coordenador associado do Núcleo de Estudos Estratégicos da Unicamp. Estudo a interação entre documentação escrita e arqueológica e lidero o grupo de pesquisa do CNPq sediado no Núcleo de Estudos Estratégicos da Unicamp. Publiquei vários artigos científicos em revistas acadêmicas brasileiras e estrangeiras e também dezenas de livros, muitos deles no exterior. Atuei como professor convidado em diversas universidades estrangeiras. Como diretor do Projeto Arqueológico Palmares, dei início às pesquisas arqueológicas sobre o quilombo na década de 1990. Meu email é ppfunari@uol.com.br, e os portais sobre a pesquisa são www.unicamp.br/nee/arqueologia e www.historiaehistoria.com.br/.

## Aline Vieira de Carvalho

Nasci em São Bernardo do Campo, São Paulo. Graduei-me em história pela Unicamp, obtive o mestrado com bolsa do CNPq e concluí o doutorado na mesma instituição. Sou também pesquisadora no Núcleo de Estudos e Pesquisas Ambientais da Unicamp, onde desenvolvo investigações na área do Patrimônio, Memória, História Ambiental e Arqueologia Pública.

## Coleção Descobrindo o Brasil
*direção: Celso Castro*

A modernização da imprensa (1970-2000)
Alzira Alves de Abreu

O Brasil no império português
Janaina Amado e Luiz Figueiredo

Os intelectuais da educação
Helena Bomeny

A era do rádio
Lia Calabre

A invenção do Exército brasileiro
A proclamação da República
Celso Castro

O Estado Novo
Maria Celina D'Araujo

A belle époque amazônica
Ana Maria Daou

O livro e a leitura no Brasil
Alessandra El Far

O pensamento nacionalista autoritário
Boris Fausto

Os índios antes do Brasil
Carlos Fausto

Os brasileiros e a Segunda Guerra Mundial
Francisco César Ferraz

Rebeliões no Brasil Colônia
Luciano Figueiredo

Palmares, ontem e hoje
Pedro P. Funari e Aline V. Carvalho

A arte rupestre no Brasil
Sambaqui: arqueologia do litoral brasileiro
Madu Gaspar

As formas do espaço brasileiro
Pedro Geiger

Cidadania e direitos do trabalho
Angela de Castro Gomes

Negros e política (1888-1937)
Flávio Gomes

Código Civil e cidadania
Keila Grinberg

Como falam os brasileiros
Yonne Leite e Dinah Callou

Uma viagem com Debret
Valéria Lima

O nascimento da imprensa brasileira
Isabel Lustosa

Escravidão e cidadania no Brasil monárquico
Hebe Maria Mattos

Os evangélicos
Clara Mafra

O sindicalismo brasileiro após 1930
Marcelo Badaró Mattos

O período das Regências (1831-1840)
Marco Morel

Da Bossa Nova à Tropicália
Santuza Cambraia Naves

Arqueologia da Amazônia
Eduardo Góes Neves

História do voto no Brasil
Jairo Nicolau

O Brasil dos imigrantes
Lucia Lippi Oliveira

Política externa brasileira
Leticia Pinheiro

Ditadura militar, esquerdas e sociedade
Daniel Aarão Reis

A Independência do Brasil
Iara Lis C. Souza

Partidos políticos no Brasil (1945-2000)
Rogerio Schmitt

O Império em procissão
Lilia Moritz Schwarcz

Modernismo e música brasileira
Elizabeth Travassos Lins

A fotografia no Império
Pedro Karp Vasquez

Brasil de todos os santos
Ronaldo Vainfas e Juliana Souza